51
LB 3248

TRANSLATION

DES CENDRES

DE NAPOLÉON

IMPRIMERIE DE H. FOURNIER ET Cie,
RUE DE SEINE, 14.

TRANSLATION

DES CENDRES

DE NAPOLÉON

PAR

M. DE NORVINS

AUTEUR DE L'HISTOIRE DE NAPOLÉON.

PARIS
LIBRAIRIE DE FURNE ET Cᵉ
RUE SAINT-ANDRÉ-DES-ARTS, 55

1840

TRANSLATION

DES CENDRES

DE NAPOLÉON

A la voix des adieux de Fontainebleau et au cri de la victoire étrangère, la France captive s'était spontanément déclarée libre; elle dictait ses volontés au roi qu'on lui imposait, et saisie d'une pensée sublime, elle décernait à la liberté tout l'héritage de Napoléon.

Celui-ci cependant, tel que le spectre glorieux

d'un autre âge, demeurait toujours présent à la France régénérée. Il restait comme visible à ses souvenirs, à ses vœux, à ses passions. Il dominait sa pensée par une dictature secrète, par une communication intime, et il contemplait des hauteurs de sa sphère le laborieux enfantement du système refusé par son génie.

Et tel fut l'empire de sa grandeur réelle, à jamais sympathique avec les destinées des Français, que dans toutes les agitations survenues parmi eux depuis sa chute, et quelle que fût la différence des intérêts et des souvenirs, ils n'ont cessé de l'invoquer, ainsi que dans leurs prospérités, ou leurs infortunes, les Romains invoquaient le dieu de leur capitole.

Pour la France, le capitole existait toujours, et le dieu ne fut jamais absent sur l'autel domestique.

Ah! quel homme placé au faîte des destinées humaines et précipité dans l'abîme d'une adversité sans fond, a-t-il reçu pendant sa vie et depuis sa mort, plus de gloire et plus de pitié que Napoléon!

Deux fois ses contemporains devinrent la postérité pour le banni de l'île d'Elbe et pour le captif de Sainte-Hélène. Entre ces deux stations de la vie du héros, ils avaient élevé le monument glorieux du 21 mars 1815 (1), et le monument funèbre du 18 juin (2)!

Et quand il lui fallut quitter pour toujours le sol français, la pensée de la patrie soudain déshéritée et captive comme lui, s'exila aussi avec lui, et elle compta la douleur de sept années d'agonie.

Mais lui, également fidèle aux Français, il continua à s'entretenir avec eux des grandes choses qu'ils avaient faites ensemble. Sur le rocher de son île Atlantique, loin de nourrir comme Prométhée le supplice d'une rage impuissante, il y ranimait constamment le feu, que lui aussi il avait dérobé au ciel, et il dictait à Bertrand, à Montholon, à Las-Cases, à Gourgaud, à Marchand, ces pages immortelles, qui vinrent tout à coup sur-

---

(1) Retour de l'île d'Elbe à Paris.
(2) Bataille de Waterloo.

prendre et ennoblir le deuil de la France, à qui il avait légué son fils, sa mémoire et sa cendre.

Le grand testament parut. La France accepta le triple héritage.

Mais quelques années plus tard, Paris vit tout à coup s'élever un trône nouveau conquis par ceux qui voulaient, en 1815, défendre ses murs contre l'étranger! Et onze ans après la mort de Napoléon, s'élevait aussi, au lieu d'un trône, une tombe nouvelle, loin, bien loin des regards de la France, à qui il avait légué son fils!.....

Depuis vingt ans environ que le grand homme n'est plus, sa mémoire encore toute palpitante semble être une suite de sa vie, comme si chaque jour, ainsi qu'un esprit familier, il assistait à la vie des Français. A leur tribune il est consulté comme un oracle. Dans leur histoire, il prend place sous le triple diadème d'Alexandre, de César et de Charlemagne, résumant en lui seul toutes les grandeurs des trois âges du monde. Sa constante intervention dans les affaires publiques et jusque dans les jouissances domestiques de la

France se révèle incessamment par le respect de ses lois et de ses institutions, comme aussi par l'hérédité des travaux dont l'avenir de sa pensée avait doté la patrie et sa capitale. Le cri de *vive l'Empereur* ne fut-il pas devant Alger le cri de victoire des soldats de Charles X, et celui du peuple de Paris au renversement de son trône?

Populaire sur la scène, inspirant les lettres et les arts, le roi des rois est demeuré à tout jamais le patron de l'artisan, du soldat et du pauvre, et peut-être règne-t-il dans l'Europe sur ces masses, qui font et défont les empires. Pour les écoles, il est resté l'emblème classique de la grandeur humaine : presque divinisé pour les chaumières, la plus humble d'entre elles est parée, protégée de ses images. Il semble que tous les peuples qu'il a vaincus se soient entendus pour lui pardonner leurs défaites : nouveau laurier, sorti de sa tombe, et qui n'a jamais crû que pour lui!

Quant à la France, qui n'aima jamais un homme autant que Napoléon, il en est resté le Génie, et elle s'est déclarée l'hôte de son immortalité.

Ainsi qu'une religion nouvelle, le culte de Napoléon est demeuré triomphant de ses persécutions, et il reçoit la garantie de sa durée de son identité avec le culte de la patrie. En effet, par une mystérieuse combinaison de la conscience d'un peuple, la France constitutionnelle couvre de son éternelle adoption celui qui ne comprit sa liberté que par son indépendance, mais qui ne cessait de lui rapporter tout l'éclat de sa gloire et toutes les prospérités de son règne. Aussi par quelle consécration à la fois politique et religieuse la population de Paris, libre enfin du souvenir de la domination étrangère, n'a-t-elle pas salué le retour de l'image de Napoléon sur la colonne d'Austerlitz? Quoi de séditieux ou même d'ironique s'est-il mêlé de la part des habitants à ce grand accomplissement de la justice et de l'honneur du trône nouveau?

Seulement ils se demandaient, pourquoi le général à la redingote et au petit chapeau y remplaçait l'Empereur revêtu du costume impérial, *le Souverain légitime,* qui seul avait eu le droit et le pouvoir de voter aux armées de la France une colonne triomphale. Et ils espéraient, ce qu'ils réclament aujourd'hui, le rétablissement de la statue impériale de Napoléon-le-Grand sur le monument dédié par lui à la gloire nationale.

Les mille couronnes funéraires qui le 5 de ce mois, jour anniversaire du 5 mai 1821, déployèrent tout à coup aux regards de la population un luxe inusité sur les grilles, les bas-reliefs et la porte du monument, ont rappelé éloquemment le devoir de lui rendre toute la consécration de son fondateur. Elles exprimaient aussi un autre vœu, un vœu bien plus sacré.

Ce vœu datait du testament de Napoléon.

Vingt jours avant sa mort, le 15 avril 1821, l'homme de la France écrivait dans sa prison de Longwood :

« Art. 2. Je désire que mes cendres reposent
« sur les bords de la Seine, au milieu de ce peu-
« ple que j'ai tant aimé. »

Le peuple de Paris, à qui Napoléon avait parlé le premier après Dieu, avait recueilli avec orgueil et attendrissement ce vœu de son héros. Il l'avait, depuis ce jour, gardé religieusement dans son âme, sous le règne de ceux qui avaient renversé la statue du bronze d'Austerlitz. Mais depuis qu'ils furent à leur tour renversés par lui, combien de fois n'avait-il pas tourné ses regards avec espoir sur les vieilles notabilités de l'empire souvent appelées au conseil du prince? Une fois seulement le peuple dut croire à l'exécution du second article du testament de Napoléon. Malheureusement cet espoir ne dura que trois jours (1). Cependant il savait que le gouvernement britannique, ami, allié de la France, jaloux lui-même de réparer autant qu'il était en lui la violence d'une autre époque, n'attendait que la demande du cabinet français pour rendre à la France la dépouille de son empereur. Ceux qui composèrent ce cabinet savent seuls pourquoi le silence fut gardé par eux pendant dix ans auprès de celui de Saint-James.

L'histoire enregistre le silence, sans en rechercher la cause.

(1) Ministère du duc de Bassano.

Cependant, depuis le grand hommage funéraire du 5 de ce mois, la population semblait avertie, comme par un instinct providentiel, qu'un grand événement se préparait. Elle avait foi dans ce ministère, trop jeune pour avoir occupé de hautes fonctions sous l'empire, mais entièrement libre de toutes passions, de toutes traditions étrangères au pays, sur lequel seul il voulait s'appuyer; elle avait foi dans ce ministère, né tout entier de la révolution de juillet, et qui avait à cœur de constituer sa nationalité.

Toutefois on était plutôt préparé qu'averti. La question des sucres, celle d'Alger, d'un intérêt si palpitant depuis la reprise de la guerre, et la question d'Orient devenue celle du monde tout entier, semblaient devoir exclusivement occuper, jusqu'à la loi du budget, les travaux législatifs et la pensée du ministère, quand, le 12 de ce mois, après l'adoption de l'article premier de la loi sur les sucres, M. de Rémusat, ministre de l'intérieur, demanda la parole pour une communication du gouvernement. Il monta à la tribune et dit :

« Messieurs,

« Le roi a ordonné à S. A. R. Mgr. le prince de
« Joinville de se rendre avec sa frégate à l'île de
« Sainte-Hélène (*explosion d'applaudissements*)
« pour y recueillir les restes mortels de l'empereur
« Napoléon. (*Bruyantes acclamations.*)

« Nous venons vous demander les moyens de
« les recevoir dignement sur la terre de France,
« et d'élever à Napoléon son dernier tombeau.
« (*Nouvelles acclamations.*)

« Le gouvernement, jaloux d'accomplir un de-
« voir national (*oui! oui!*), s'est adressé à l'An-
« gleterre ; il lui a redemandé le précieux dépôt
« que la fortune avait remise dans ses mains. A
« peine exprimée, la pensée de la France a été ac-
« cueillie. Voici les paroles de notre magnanime
« alliée :

« Le gouvernement de S. M. britannique espère

« que la promptitude de sa réponse sera considérée
« en France comme une preuve de son désir d'ef-
« facer jusqu'à la dernière trace de ces animosités
« nationales qui, pendant la vie de l'empereur,
« armèrent l'une contre l'autre la France et l'An-
« gleterre. Le gouvernement de S. M. britannique
« aime à croire que si de pareils sentiments exis-
« tent encore quelque part, ils seront ensevelis
« dans la tombe où les restes de Napoléon vont
« être déposés. » (*Sensation mêlée de bravos.*)

« L'Angleterre a raison, Messieurs ; cette noble
« restitution resserre encore les liens qui nous
« unissent. Elle achève de faire disparaître les
« traces douloureuses du passé. Le temps est venu
« où les deux nations ne doivent plus se souvenir
« que de leur gloire.

« La frégate chargée des restes mortels de Napo-
« léon se présentera au retour à l'embouchure de
« la Seine. Un autre bâtiment les rapportera jus-
« qu'à Paris ; ils seront déposés aux Invalides. Une
« cérémonie solennelle, une grande pompe reli-

« gieuse et militaire inaugureront le tombeau qui
« doit les garder à jamais.

« Il importe, en effet, Messieurs, à la majesté
« d'un tel souvenir que cette sépulture auguste ne
« demeure pas exposée sur une place publique, au
« milieu d'une foule bruyante et distraite. Il con-
« vient qu'elle soit placée dans un lieu silencieux
« et sacré, où puissent la visiter avec recueille-
« ment tous ceux qui respectent la gloire et le gé-
« nie, la grandeur et l'infortune.

« Il fut empereur et roi; il fut le souverain légi-
« time de notre pays. A ce titre, il pourrait être
« inhumé à Saint-Denis. Mais il ne faut pas à Napo-
« léon la sépulture ordinaire des rois, il faut qu'il
« règne et commande encore dans l'enceinte où
« vont se reposer les soldats de la patrie et où iront
« toujours s'inspirer ceux qui seront appelés à la
« défendre. Son épée sera déposée sur sa tombe.

« L'art élèvera sous le dôme, au milieu du tem-
« ple consacré par la religion au dieu des armées,
« un tombeau digne, s'il se peut, du nom qui
« doit y être gravé. Ce monument doit avoir une

« beauté simple, des formes grandes et cet aspect
« de solidité inébranlable qui semble braver l'ac-
« tion du temps. Il faudrait à Napoléon un monu-
« ment durable comme sa mémoire.

« Le crédit que nous venons demander aux
« chambres a pour objet la translation aux Inva-
« lides, la cérémonie funéraire, la construction
« du tombeau.

« Nous ne doutons pas, Messieurs, que la cham-
« bre ne s'associe avec une émotion patriotique à
« la pensée royale que nous venons d'exprimer
« devant elle. Désormais la France, et la France
« seule, possédera tout ce qui reste de Napoléon.

« Son tombeau comme sa renommée n'appar-
« tiendront à personne qu'à son pays. La monar-
« chie de 1830 est en effet l'unique et légitime
« héritière de tous les souvenirs dont la France
« s'enorgueillit.

« Il lui appartenait sans doute à cette monar-
« chie, qui la première a rallié toutes les forces et
« concilié tous les vœux de la révolution française,
« d'élever et d'honorer sans crainte la statue et la

« tombe d'un héros populaire. Car il y a une chose,
« une seule, qui ne redoute pas la comparaison
« avec la gloire, c'est la liberté. »

« Art. 1er. Il est ouvert au ministère de l'inté-
« rieur, sur l'exercice de 1840, un crédit spécial
« d'un million pour la translation des restes mor-
« tels de l'empereur Napoléon à l'église des Inva-
« lides, et pour la construction de son tombeau.

« Art. 2. Il sera pourvu à la dépense autorisée
« par la présente loi au moyen des ressources ac-
« cordées par la loi des finances du 10 août 1839
« pour les besoins de l'exercice 1840. » (*Une vive
agitation se répand dans l'assemblée; la séance
reste longtemps suspendue.*)

Et en effet rien ne pouvait manquer à l'im-
pression, à la commotion subite et profonde, que
devaient produire dans la Chambre élective une
telle proposition, un langage aussi noble, aussi
puissant, et la mission de la délivrance des restes
de Napoléon, confiée par le Roi à l'un de ses fils.

Napoléon lui-même n'aurait pu prévoir un semblable dénouement à sa captivité, dans les héroïques exaltations qui y signalèrent tant de fois les repos, ou la violence de sa douleur.

Ah! si les âmes privilégiées, renfermées dans le sein de Dieu, ont encore des regards pour la terre, combien celle de Napoléon ne doit-elle pas être émue de cet hommage rendu à sa mémoire encore plus qu'à sa cendre par la dynastie, qui règne sur le peuple *qu'il a tant aimé!*

Peut-être, et cet orgueil humain lui serait permis, se réjouira-t-elle de voir les princes de la France accompagner sa dépouille jusqu'à la capitale, son Monarque la recevoir sous l'arc triomphal élevé par lui-même, et la patrie, représentée par ses législateurs, ses généraux, et l'élite de la population, honorer dans l'asile des mutilés de la gloire celui qui préféra l'exil, la prison et les tortures de Sainte-Hélène, à la guerre civile, qui ne l'eût replacé sur le trône qu'en déchirant le sein de la France.

Et déjà l'apothéose nationale a ses ministres,

déjà se préparent au grand voyage les amis, les compagnons de la captivité de Napoléon, ses exécuteurs testamentaires, les officiers de sa maison; à ceux-là, frères de son infortune et dépositaires de ses dernières pensées, on ne peut contester le droit d'aller s'asseoir sous le pavillon du prince de Joinville. Leur dévouement leur méritait cet honneur. Le Dieu, le roi, les ministres, les représentants de la France le leur décernent au nom de sa gloire et de sa justice.

Ceux-là surtout qui, pendant sept années, ont recueilli les puissantes élucubrations du génie politique et militaire de Napoléon, sous sa propre dictée, sauront recueillir aussi aux mêmes lieux les détails funèbres du grand et dernier hommage, dont ils seront les ordonnateurs et les témoins.

Ils emporteront avec eux, pour revivre à jamais non loin de la tombe française, les rameaux du saule, que Napoléon avait choisi pour abriter sa tombe atlantique; afin que rien de ce qui fut à lui, si ce n'est sa mémoire qui couvre le monde, ne reste au sol, qui s'est ouvert sous sa cendre, comme une dernière et mensongère prison, creusée par les rois, qui eux aussi ne sont plus !

———•◦•———

Le mois de mai, dont les éphémérides sont à la fois si glorieuses et si fatales à Napoléon, vient de recevoir dans la séance du 12, de cette année, une nouvelle et impérissable consécration.

Notre illustre ambassadeur à Londres y célébrait, de son côté, l'anniversaire de la mort de Napoléon, en demandant ce jour même, 5 mai, au gouvernement anglais, par ordre du roi, la restitution des restes de l'Empereur; et la réponse ne se fit pas attendre. Cette coïncidence ajoute un intérêt presque merveilleux, ainsi que cela a lieu souvent pour les grands hommes, à la négociation que l'on peut appeler *sentimentale* des deux cabinets.

Le ministère anglais a raison, il parle à la fois au cœur et à l'esprit des Français, quand il « es-
« père que la promptitude de la réponse de son
« gouvernement sera considérée en France comme

« une preuve de son désir d'effacer jusqu'à la der-
« nière trace de ces animosités nationales qui,
« pendant la vie de l'Empereur, armèrent l'une
« contre l'autre la France et l'Angleterre. » Oui,
sans doute, *elles seront ensevelies dans la tombe où les restes de Napoléon vont être déposés.*

Lord Palmerston nous avait fait oublier depuis longtemps lord Castelreagh, il nous fait oublier à présent Hudson-Lowe; qu'il sache que son nom nous sera à jamais cher et sacré! L'histoire, on l'a dit, a son Panthéon et ses gémonies; aussi le Panthéon français est ouvert aux souverains et aux ministres de l'Angleterre et de la France.

———

Le gouvernement a choisi l'église toute guerrière des Invalides, pour recevoir et garder à jamais, sous la protection de Dieu, sous celle de nos plus vieux guerriers, de notre plus vieux maréchal, et sous la voûte des drapeaux ennemis, suspendus à sa majestueuse coupole, les restes de Napoléon. Honneur sans doute à la noble idée, qui assigne une semblable sépulture au plus grand capitaine des temps modernes ! Mais l'opinion publique, qui a sa place dans cette haute délibération sur l'hommage à rendre par la France à celui qui fut son Empereur, s'est emparée de la question; et elle s'est partagée, soit pour l'église des Invalides, soit pour l'arc de triomphe des Champs-Elysées, soit pour la basilique de la Madeleine, soit pour la colonne d'Austerlitz, soit pour le Panthéon, soit enfin pour l'admirable emplacement du palais du Roi de Rome, qui, sauf le Panthéon, domine tous ces monuments. Les esprits restés divisés sur le choix de tant d'asiles funéraires, se sont combattus par une polémique dont les oppositions sont autant d'hommages nouveaux, rendus par les habitants de Paris au héros de la France.

L'église des Invalides n'annonce que la sépulture du grand capitaine, qui s'y trouverait confondu avec des restes moins héroïques que les siens, sans en excepter Tureune, qui attaqua la France avec l'étranger! Napoléon n'a pas été seulement le premier homme de guerre de l'Europe; il a été, et c'est en cette qualité seule que la France veut l'honorer à jamais, il a été son plus grand souverain. S'il a illustré et vengé la patrie par ses exploits et ses conquêtes, il l'a surtout établie et constituée par son administration et le code immortel de ses lois. Aussi grand législateur que grand guerrier, ses lois survivent toutes à sa gloire militaire, et ce sont elles qui donnent la vie à la France. L'asile des guerriers ne convient donc qu'à ses maréchaux et aux généraux de nos armées, et non au fondateur de l'empire français. La coupole des Invalides ne s'élèverait que sur une faible partie de sa gloire.

Et à ce sujet, les partisans de l'église de la Madeleine disent : Napoléon lui-même semblait avoir prédestiné son dernier asile comme Empereur, en consacrant le temple de la Gloire, placé en regard du temple de la loi, du palais législatif, dans le quartier royal de la capitale, au bout de sa plus grande, de sa plus populeuse communication, auprès des embellissements dont il avait doté les entours de sa résidence impériale. Tout s'y trouve réuni pour recevoir dignement la cendre du grand souverain. Mais, répondent les adversaires, qui ont visité et examiné avec soin le temple de la Madeleine, tout y est consacré à la Sainte et à l'exercice absolu du culte, frontispice, statues, peintures, disposition intérieure de l'église ; il n'y a de place que pour la Patrone, il n'y en a pas pour Napoléon. Vous vous trompez, leur répond la critique, la tombe de Napoléon peut s'élever derrière l'autel qui serait porté plus en avant, et le magnifique plafond historique dû au pinceau sublime de Ziegler, semble, par une heureuse divination, consacrer cette basilique à Napoléon souverain, fondateur et législateur.

C'est sous la colonne d'Austerlitz, s'écrient les uns, qu'est la véritable demeure de celui qui l'a élevée ; c'est sur l'Arc de triomphe, répondent les autres, que doit être placé, dans l'immense salle qui le surmonte, le cercueil de celui qui le vota aussi à la France. On leur répond, que le bruit et le désordre des places publiques ne peuvent convenir à l'hommage religieux et silencieux de la tombe, et qu'elle serait également invisible aux regards avides de la population, soit sous la crypte souterraine de la Colonne, soit sous la crypte aérienne de l'Arc de triomphe.

Eh bien ! s'écrie-t-on d'un autre côté, le Panthéon ne vous dit-il pas, par son inscription, par sa consécration religieuse, par sa position élevée au-dessus de Paris, qu'il est le véritable asile des débris du Grand Homme, à qui la Patrie veut être à jamais Reconnaissante? Sans doute, et si le Panthéon n'avait pas été souillé par des cendres que l'on n'ose plus nommer, si depuis il n'avait pas été stigmatisé par l'empreinte de mains ennemies de Napoléon, s'il était vierge encore, et ne fût habité que par Dieu, là serait la destination naturelle de celui qui domina la France, comme la coupole du Panthéon domine sa capitale. L'apothéose serait complète et visible à tous les yeux. Napoléon reposerait au milieu des élèves de la patrie, des enfants de ses guerriers, de ses administrateurs, de ses conseillers, des Français qui furent la gloire de l'empire, et dans leurs jeunes âmes, et sous leurs jeunes regards, il croirait revivre à ces temps héroïques, où il disait : *Nous étions jeunes alors, nous avions notre fortune à faire.*

Oui, il faut un sol vierge à Napoléon; il faut un sol de famille, consacré par lui-même, et ce lieu, c'est ce terrain qui appartient à l'état, c'est l'emplacement du palais du roi de Rome; il s'élève au-dessus de la Seine : il a à ses pieds le Champ-de-Mars, l'École militaire, les Invalides; il voit le Panthéon et le Panthéon le regarde. Cette idée si simple, si noble, si touchante, frappe naturellement les esprits. Comment la tombe de Napoléon placée pour ainsi dire sur le berceau de son fils, et résumant tout à coup et à jamais leur commune destinée, ne saurait-elle pas émouvoir fortement des cœurs français! La dépense du monument à construire peut s'évaluer à 6 millions, et sans doute la Chambre ne reculerait pas devant ce sacrifice tout national, qui honorerait la France entière et Napoléon. Une compagnie d'officiers et de sous-officiers vétérans serait casernée auprès de la basilique, qui servirait d'abri à la cendre immortelle.

Cette dernière garde impériale serait choisie parmi ceux, qui lui auraient donné la première hospitalité. Le dôme des Invalides serait la dernière tente, où le grand capitaine aurait reposé sur le sol français, le pavillon, où le vieux soldat attendrait, que le palais sépulchral fût prêt à recevoir l'Empereur sur l'autre rive de la Seine.

Cet édifice majestueux, d'une simplicité monumentale, recevrait toute la splendeur du dépôt confié par la France. Il serait grand comme la vie, dont il deviendrait l'élysée.

Il ne serait habité que par Dieu et Napoléon.

Car Dieu aurait mis son sceau sur la tombe, et chaque année, le 5 mai, un service solennel y célébrerait l'anniversaire de la mort de l'Empereur!!!

Sans doute les trois millions de suffrages libres, qui ont nommé Napoléon empereur, se retrouveraient aux mêmes lieux, pour voter aussi en faveur de la sépulture de Napoléon sur le sol où il devait élever le palais de son fils!

ÉPHÉMÉRIDES DU MOIS DE MAI

DANS L'HISTOIRE DE NAPOLÉON.

1ᵉʳ Mai 1802. Sommission de Saint-Domingue par le général Leclerc, beau-frère du premier Consul.

1813. Mort du maréchal Bessières, tué la veille de la bataille de Lutzen par un boulet. Six ans plus tôt, à celle de Wagram, le maréchal avait été renversé de son cheval aussi par un boulet, et Napoléon lui avait dit : *Bessières, voilà un beau boulet. Il a fait pleurer ma garde.*

2 Mai 1813. Bataille et victoire de Lutzen. Le même jour le prince de Schwartzemberg, ambassadeur d'Autriche, disait à Paris au duc de Bassano, qui le pressait pour l'alliance au nom du mariage de l'empereur : *La politique a fait le mariage : la politique peut le défaire.*

3 Mai 1798. Expédition d'Égypte. Le général Bonaparte, qui l'a fait décider, part de Paris pour Toulon.

1815. A la nouvelle du débarquement de Napoléon en France, Joachim Murat a proclamé l'indépendance de l'Italie, non comme lieutenant de l'Empereur, mais comme *libérateur :* et il perd avec sa couronne la bataille de Tolentino, gagnée par les Autrichiens.

5 Mai 1789. Ouverture des États-Généraux. Origine de la Révolution.

1808. Traité de Bayonne. Cause de la chute de Napoléon.

1814. Napoléon prend possession de l'île d'Elbe.

1821. Napoléon meurt à Sainte-Hélène à six heures du soir, à l'âge de cinquante-un ans huit mois et dix jours. Il était né le 15 août 1769.

1827. Mort de Frédéric Auguste roi de Saxe, le dernier et le plus fidèle allié de Napoléon parmi ses alliés.

1840. Demande du gouvernement français, présentée par M. Guizot ambassadeur à Londres, pour obtenir du gouvernement anglais les cendres de Napoléon. Cette demande est promptement accordée.

10 Mai 1796. Bataille et victoire de Lodi.

1806. Création de l'Université Impériale.

12 Mai 1809. Napoléon entre à Vienne, après la victoire d'Eckmülh.

1840. Communication à la Chambre des Députés par M. de Rémusat, ministre de l'Intérieur, pour lui annoncer que le Roi a chargé le prince de Joinville d'aller chercher à Sainte-Hélène les cendres de l'Empereur, d'après le consentement empressé du gouvernement britannique.

15 Mai 1796. Entrée du général Bonaparte à Milan, après la bataille de Lodi, le jour même où l'on célébrait à Paris *la fête des Victoires.*

16 Mai 1797. L'armée française entre à Venise, pour venger le massacre de Vérone, etc.

1800. Le premier Consul passe le Mont Saint-Bernard.

17 Mai 1809. Les États romains sont réunis à la France, par un décret rendu à Vienne.

19 Mai 1790. Départ de l'expédition d'Égypte.

1802. Institution de la légion-d'honneur.

20 Mai 1813. Victoire de Bautzen.

21 Mai. 1809. Bataille d'Esling. Un Te deum funèbre est chanté dans les deux camps : le maréchal Lannes est blessé mortellement.

22 Mai 1813. Mort du général Duroc. Napoléon venait de lui dire : *Duroc, la fortune nous en veut bien aujourd'hui.* Jamais perte ne fut plus profondément sensible à Napoléon, qui sembla y attacher pour lui-même un fatal présage !

27 Mai 1808. Insurrection générale en Espagne.

29 Mai 1799. Levée du siége de Saint-Jean-d'Acre, qui ferme au général Bonaparte les portes de l'Asie. Cet échec changea toute sa destinée.

1814. Mort de l'impératrice Joséphine à la Malmaison.

30 Mai 1814. Traité de Paris entre la France et les puissances alliées.

31 Mai 1809. Mort du maréchal Lannes, duc de Montebello.

19 Mai 1840.

www.ingramcontent.com/pod-product-compliance
Lightning Source LLC
Chambersburg PA
CBHW060551050426
42451CB00011B/1850